AF394084

EL ANÁLISIS DAFO

Los secretos para fortalecer
su negocio

Por Christophe Speth
Traducido por Marina Martín Serra

Economía y empresa — 50MINUTOS.es

LAS CLAVES PARA EL ÉXITO

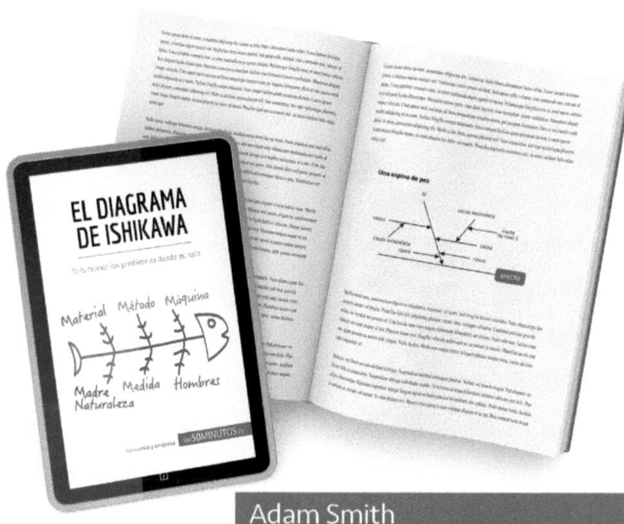

Adam Smith

El principio de Pareto

El estrés laboral

La pirámide de Maslow

www.50minutos.es

EL ANÁLISIS DAFO

DATOS CLAVE

- **¿Denominaciones?** Análisis DAFO, FODA, DOFA o SWOT, matriz SWOT. Sus siglas corresponden a los conceptos Debilidades, Amenazas, Fortalezas y Oportunidades (traducción de las palabras que en inglés forman las siglas de SWOT).
- **¿Utilidad?** Este modelo permite a una organización (empresa, administración pública o asociación) identificar rápidamente los factores tanto internos, vinculados a su funcionamiento interno, como externos, que dependen del entorno en el que opera. Es una herramienta para ayudar a la toma de decisiones y facilita la elaboración de un plan estratégico.
- **¿Por qué es eficaz?** El gran poder del análisis DAFO reside en su simplicidad. Además de ser fácil de utilizar, permite extraer resultados que pueden comunicarse a un público no especializado sin grandes dificultades.

- **¿Palabras clave?**
  - <u>Factor externo</u>: elemento ligado al entorno en el que evoluciona una organización, sobre el que esta no puede tener un impacto directo.
  - <u>Factor interno</u>: elemento sobre el que una organización tiene un impacto. Así, puede influenciarlo y/o modificarlo.
  - <u>Debilidades</u>: factores internos que debilitan el posicionamiento competitivo de una organización.
  - <u>Amenazas</u>: factores externos que influyen negativamente al entorno externo de una organización.
  - <u>Fortalezas</u>: factores internos en poder de la empresa que refuerzan el posicionamiento competitivo de una organización.
  - <u>Oportunidades</u>: factores externos que influyen o podrían influir positivamente en la posición competitiva de una organización.

INTRODUCCIÓN

Historia

El análisis DAFO tiene sus orígenes en la obra *Business Policy. Text and Cases* (1965), escrita por cuatro profesores de la Universidad de Harvard —Edmund Philip Learned (1900-1991), Roland Chris Christensen (1919-1999), Kenneth Richmond Andrews (1916-2005) y William D. Guth. Este análisis es uno de los primeros modelos que se interesan por el entorno externo de una organización. Hasta entonces, los modelos de estrategia tenían tendencia a limitarse a la planificación estratégica, sin tener en cuenta realmente su entorno.

Hoy en día, el análisis DAFO se usa principalmente en los departamentos de márketing de las grandes empresas, pero también hay muchas pymes que lo emplean como herramienta de ayuda a la toma de decisiones.

Es interesante remarcar que muchas consultorías recurren al análisis DAFO, ya que este les permite analizar rápidamente y presentar de manera esquemática y simplificada la situación a sus clientes. Otras consultorías, como BCG y McKinsey, tienen su propio modelo de análisis.

Definición

El análisis DAFO es una herramienta de análisis estratégico multidimensional:

- por un lado, permite distinguir los factores internos de una organización (fortalezas y debilidades) y los factores externos relacionados con su entorno (oportunidades y amenazas);
- por el otro, permite seleccionar los factores identificados en función del impacto esperado, pudiendo ser positivo (fortalezas y oportunidades) o negativo (debilidades y amenazas).

Un análisis DAFO no tiene ningún valor intrínseco. Su uso solo está justificado en el marco de una visión estratégica.

TEORÍA Y PRESENTACIÓN DEL CONCEPTO

Representación del análisis DAFO

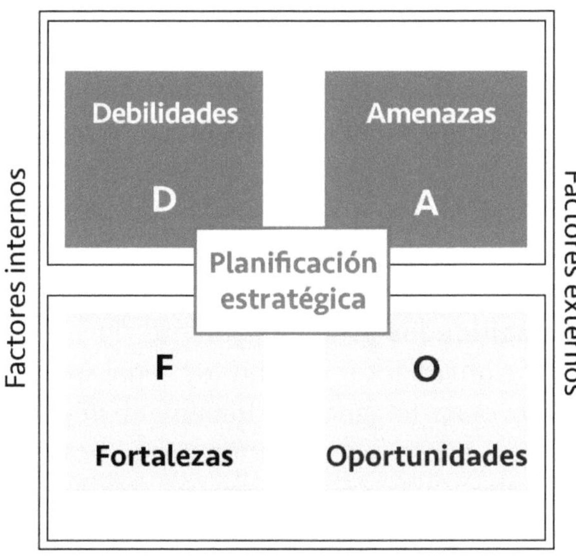

El análisis DAFO permite hacer un balance de la situación de una organización en un momento dado, con una óptica más prospectiva que retrospectiva. Se trata pues de analizar la situación de una estructura teniendo en mente sus perspectivas de futuro. El análisis DAFO se centra a la vez en el funcionamiento interno (fortalezas y debilidades) y en el entorno externo (oportunidades y amenazas) de una organización.

- **Las fortalezas** son factores específicos en una organización que influyen positivamente en su evolución y su posición competitiva. De forma general, consideramos que las fortalezas son particularmente importantes ya que no caracterizan a la competencia. Así, el uso del análisis DAFO permite señalar las ventajas competitivas que tiene una empresa con respecto a sus competidores.
- **Las debilidades** están igualmente vinculadas al funcionamiento interno de una organización, pero en general tienen un impacto negativo sobre su evolución y su posición competitiva. Es muy importante determinar de manera precisa las debilidades internas de una organización: esto permite trabajar en la mejora de los puntos afectados y reorientar las actividades para que sean menos vulnerables.

- **Las oportunidades** dependen del entorno externo de una organización. Se pueden explotar para mejorar su evolución y su posición competitiva. Tan pronto como esto se hace, se convierten en fortalezas que influyen favorablemente en el desarrollo de la organización.
- **Las amenazas** se encuentran también en el entorno externo de una organización. Su identificación es a menudo fruto de un trabajo de vigilancia estratégica. Cuando se detectan a tiempo, la organización puede anticiparse mejor a ellas y el impacto que tienen en el rendimiento se puede reducir o invertir.

En algunos casos, hay amenazas que pueden convertirse en fortalezas, del mismo modo en que hay oportunidades que pueden convertirse en debilidades. Como la organización no está sola en su entorno, su futuro depende igualmente de las decisiones que toma la competencia.

LOS FACTORES QUE INFLUYEN EN EL DESARROLLO DE UNA ORGANIZACIÓN

A nivel del funcionamiento interno, hay varias características que hay que tener en cuenta para hacer una lista de las fortalezas y debilidades de una organización, entre las que destacan:

- **la competitividad-coste.** Uno de los primeros aspectos que permite que una empresa sea competitiva es su capacidad de reducir sus gastos. Para controlar sus gastos, tiene que vigilar sobre todo la eficacia de la técnica de producción (¿sería posible producir más con menos?) y la de la asignación de recursos (¿hay que sustituir capital en el trabajo?). No hace falta decir que puede existir un conflicto entre competitividad-coste y protección del derecho de los trabajadores. Por ejemplo, si el grado de aplicación de las normas sociales y medioambientales es bajo, esto puede permitir reducir los gastos, pero tendrá un impacto (negativo) en los trabajadores;
- **la red y la capacidad de distribución.** ¿La estructura dispone de un circuito de distribución

eficiente? En particular, ¿puede garantizar un suministro de calidad (un alto porcentaje de productos que llegan a tiempo, un porcentaje bajo de objetos rotos y de errores, etc.)? ¿Llega a racionalizar los costes de distribución (coste global del almacenamiento y del transporte de mercancías lo suficientemente bajo)? En las últimas décadas ha aparecido un elemento de respuesta para el problema del compromiso entre la calidad de los productos, el plazo de entrega y los costes de distribución, que consiste en preconizar una disminución de los niveles de almacenamiento. Esta estrategia a menudo está fundada en un uso más elevado de las nuevas tecnologías de la información y de la comunicación (TIC). En este contexto, hablamos a veces de «producción en flujo tendido», lo que significa que producimos un bien cuando lo pide el cliente y que se distribuye en un plazo muy corto gracias a un circuito de distribución eficiente;

- **el márketing y las ventas.** El departamento de márketing también desempeña un papel vital en el éxito de una empresa. ¿Es capaz de anticipar las necesidades de los consumidores? ¿Es capaz de lanzar campañas de publicidad para atraerlos? Una buena estrategia de márketing es innegablemente una fortaleza para la empresa;

- **los medios financieros.** La solidez financiera suficiente es una verdadera ventaja para toda organización. La capacidad de reunir liquidez también tiene un papel fundamental, ya que es indispensable para poner en marcha cualquier proyecto de expansión;

- **los recursos humanos.** Finalmente, la gestión de recursos humanos es un aspecto al que a menudo no prestan atención muchas empresas, administraciones públicas y asociaciones. Sin embargo, es importante que cada estructura disponga de una serie de habilidades clave. De esta forma, puede ser preferible que una organización pase un poco más de tiempo buscando a la persona adecuada a que contrate urgentemente a un candidato que no encaje en la vacante. De forma más general, es crucial que las empresas implanten un sistema de comunicación que permita una relación de trabajo óptima entre empleados;

- **la política de innovación.** A nivel más estratégico, y en una economía como la nuestra, cada vez más empresas —y universidades— se esfuerzan ahora por patentar un máximo de innovaciones. La posesión de patentes debe ir acompañada de una visión estratégica que permitirá a sus ingenieros comprender el valor y la utilidad de sus innovaciones, argumentos de peso durante las negociaciones de explotación de sus procesos patentados con otras empresas.

A nivel del entorno externo, varios factores influyen igualmente en las oportunidades y amenazas a las que se enfrenta una organización, en especial:

- **el clima económico.** La presencia o ausencia de un fuerte crecimiento económico tiene un impacto evidente en la situación de las diversas organizaciones. Una actividad económica intensa permite a menudo acelerar el crecimiento de una empresa con un buen rendimiento. De forma similar, una empresa con dificultades que pierde cuota de mercado puede a veces evitar la quiebra si tiene un rápido crecimiento económico, ya que esto puede compensar parcialmente las debilidades de la empresa. Podemos extraer conclusiones inversas en caso de recesión económica;

- **las grandes tendencias de los consumidores.** Otro aspecto que no deben pasar por alto las empresas es la evolución de las necesidades de los consumidores. Si la oferta de valor de estas está en sintonía con las nuevas necesidades, la evolución es positiva. Si, por el contrario, las necesidades se alejan de su oferta de valor, la evolución es negativa. Para evitar el segundo posible escenario, el departamento de márketing puede intentar prever estas evoluciones gracias al uso de varias herramientas, como el ciclo de vida del producto que articula las diferentes fases de un producto (desarrollo, lanzamiento, crecimiento, madurez y declive);
- **el entorno competitivo.** La evolución del entorno competitivo también tiene un papel clave. Algunos competidores más eficientes, más numerosos o más dispuestos a entablar una guerra de precios pueden tener un impacto negativo en la rentabilidad de una empresa;
- **el entorno reglamentario.** La evolución del reglamento puede constituir también una amenaza si una estructura no está preparada para hacerle frente. En algunos casos, sin embargo, permite que las empresas se reafirmen ante sus competidores, si estos están menos preparados para hacerle frente.

Ahora que ya dispone de los fundamentos teóricos del análisis DAFO, puede divertirse estructurando su propio análisis como estudiante o trabajador. Si está estudiando, por ejemplo, es posible que su nivel de cultura general sea muy alto (fortaleza), pero que a veces le cueste expresar sus ideas por escrito (debilidad). Como estudiante, tiene igualmente acceso a un gran número de oportunidades (estancia Erasmus, implicación en una asociación, etc.). No obstante, la evolución del coste de la vida puede serle perjudicial (amenaza).

LÍMITES DEL MODELO Y EXTENSIONES

CRÍTICAS

Los teóricos y los especialistas están generalmente de acuerdo en que los resultados de un análisis DAFO se deben interpretar con precaución. Aunque el uso de este modelo permite analizar rápidamente la situación, su resultado es incompleto e impreciso. Además, las múltiples facetas del análisis no se excluyen necesariamente entre sí.

Como ejemplo, una empresa puede percibir un nuevo reglamento como una amenaza y una oportunidad al mismo tiempo. Los consultores Terry Hill y Roy Westbrook publicaron un artículo seminal que se titula «SWOT Analysis: It's Time for a Product Recall» que pone de manifiesto las limitaciones inherentes a un análisis DAFO:

- En primer lugar, es esencialmente descriptivo, y se ha demostrado que en algunos casos esto hace que resulte ineficaz ya que no permite guiar un proceso de toma de decisiones en ningún sentido. El diagnóstico de un análisis DAFO puede ser excelente, pero si las decisiones tomadas con antelación no son buenas o no se aplican correctamente no sirve para nada. Así pues, vemos que el análisis DAFO no es realmente una fuente de ventaja competitiva.

- Por otra parte, no se pueden ignorar los costes de un análisis DAFO: para llevarlo a cabo hay que pagar a consultores internos y/o externos. Por lo tanto, a veces es mejor no encerrarse en un paradigma de gestión que limite en cambio la creatividad.
- Otro riesgo se encuentra en el hecho de no jerarquizar los factores identificados por el análisis DAFO en función de su importancia, y de centrarse en detalles de poco interés. Además del tiempo perdido, esto puede tener un impacto catastrófico en una organización si esta gasta todavía más recursos para eliminar problemas marginales.

OTROS MODELOS

Existen otros modelos que parecen igual de eficaces que el análisis DAFO y que también facilitan la toma de decisiones. Por ejemplo, el modelo de las cinco fuerzas de Michael E. Porter (universitario estadounidense, nacido en 1947) evalúa las restricciones a las que una empresa está sujeta. Otros permiten centrarse en la interacción estratégica entre competidores (por ejemplo, las decisiones relacionadas con la cantidad producida y con la fijación de los precios). Aunque su enfoque es menos global, tienen un poder inusual para evaluar la fuerza de la competencia en las industrias analizadas.

Las cinco fuerzas de Porter

El modelo de las cinco fuerzas de Porter permite a una empresa analizar su entorno competitivo. Se centra también en cinco fuentes susceptibles de influenciar el paisaje competitivo de una industria.

• La limitación más obvia a la que tiene que enfrentarse una empresa son **los competidores directos**. Sin embargo, la intensidad de la rivalidad entre las empresas no depende sistemáticamente del número de empresas que se hacen la competencia: es totalmente posible que dos empresas de una industria A entablen una guerra de precios mientras que cuatro empresas de una industria B formen un cártel estable y rentable.

- **La amenaza de nuevos competidores** puede disuadir igualmente a una empresa de fijar precios demasiado altos, incluso en caso de monopolio. Sin embargo, esta amenaza no es creíble si las barreras de entrada y de salida de una industria son demasiado importantes en relación con el beneficio obtenido. Algunas empresas invierten en una capacidad excedentaria para producir más si aparece un competidor (lo que tiene como efecto disminuir los precios y reducir el beneficio de los nuevos competidores). Puesto que los nuevos competidores normalmente están al corriente de esta capacidad excedentaria, tienen menos tendencia a lanzarse.

- Además, las empresas deben estar atentas a los **productos y servicios que pueden sustituir a su oferta.** Si tomamos el ejemplo de los transportes de media y larga distancia (entre 300 y 1000 km), vemos que durante las últimas décadas los trenes de alta velocidad se han convertido en Europa occidental en un importante sustituto del avión (lo que contribuyó a la racionalización del sector aéreo con la aparición de operadores *low cost* como easyJet y Ryanair).

- Finalmente, **el poder de negociación de los proveedores y de los clientes** puede tener un impacto decisivo en la rentabilidad de una empresa. Sin extendernos mucho, podemos decir que los clientes y los proveedores pueden obtener un mejor precio cuando son menos numerosos y cuando son nuevos competidores potenciales en el mercado de la empresa con la que tratan.

Representación del modelo de las cinco fuerzas de Porter

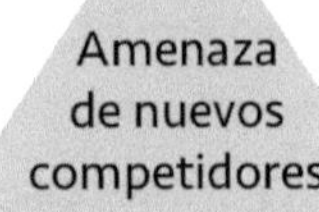

Competencia oligopolística y presencia de cárteles

Algunos modelos económicos permiten interesarse por la interacción estratégica entre empresas.

- **El modelo de Antoine Augustin Cournot** (matemático y filósofo francés, 1801-1877) está concebido para analizar la competencia de tipo oligopolística (propia de un mercado caracterizado por un pequeño número de vendedores para un gran número de compradores). Generalmente se utiliza cuando las empresas deciden las cantidades que van a producir, en función de la influencia que podrían tener en la política de precios. Las empresas activas en la industria automovilística, por ejemplo, pueden difícilmente aumentar su capacidad de producción a corto plazo (construir una fábrica lleva tiempo). Para un número de competidores dado, la presión competitiva en una industria a la manera de Cournot se considera generalmente media y limitada.

- Por el contrario, **el modelo de Joseph Louis François Bertrand** (matemático y economista francés, 1822-1900) se utiliza cuando las empresas deciden niveles de precios y luego pueden aumentar o disminuir la cantidad producida fácilmente. Cuando hay competencia a la manera del modelo de Bertrand, bastan dos empresas para que los beneficios sean nulos, ya que entrarán inevitablemente en una verdadera guerra de precios. Por regla general, las empresas afectadas por este tipo de competencia son las activas en industrias en las que es fácil modificar la cantidad producida a corto plazo (por ejemplo, la industria textil). En general, siempre que haya al menos dos competidores, la presión competitiva en una industria del tipo Bertrand es muy fuerte. Por eso, tales industrias causan más bien rechazo en una primera impresión.

• También existe la posibilidad para las empresas activas en una industria —aunque sea ilegal— de ponerse de acuerdo explícitamente para limitar la competencia. Es lo que llamamos un **cártel organizado.** Por el contrario, un acuerdo tácito no es ilegal y por definición resulta imposible de demostrar. Si un cártel es estable, el beneficio conjunto de las empresas implicadas será igual que el beneficio del poseedor del monopolio. Sin extendernos mucho, podemos decir que las condiciones siguientes facilitan la formación de un cártel:
  ◦ bajo número de empresas;
  ◦ capacidad para detectar y castigar rápidamente a los que no respetan el acuerdo;
  ◦ paciencia suficiente por parte de las empresas que participan en el acuerdo.

APLICACIÓN DEL CONCEPTO

LAS CINCO ETAPAS PARA REALIZAR CON ÉXITO EL ANÁLISIS DAFO

1. **Identificar las fortalezas**. Para empezar, hay que identificar los elementos que tienen una influencia positiva en el rendimiento de una organización y que están vinculados a su funcionamiento interno. Tal y como se ha expuesto en la sección dedicada a la presentación del modelo, conviene hacer esta lista rigurosamente, examinando minuciosamente lo que caracteriza la situación financiera de la organización, el rendimiento de su circuito de distribución, su *branding*, etc.

2. **Identificar las debilidades**. A continuación hay que identificar los elementos que influyen negativamente en el rendimiento de una organización y que están vinculados a su funcionamiento interno. Una baja capacidad de innovación, una mala comunicación y una incapacidad para reducir los costes del mismo

modo que lo hace la competencia son debilidades que afectan negativamente al rendimiento de una organización.

3. **Identificar las oportunidades**. Cuando decidimos interesarnos por las oportunidades que ofrece un entorno definido, hay que identificar los factores externos a una organización que podrían tener una influencia positiva sobre esta. Los aspectos en los que hay que fijarse son más o menos específicos para las organizaciones (competencia, contexto económico, legal y demográfico, etc.).

4. **Identificar las amenazas**. Cuando queremos encontrar las amenazas existentes en un entorno definido, es conveniente analizar los factores externos de una organización que podrían tener una influencia negativa sobre esta. Una vez más, los elementos que hay que observar dependen de la naturaleza de cada organización.

5. **Establecer un plan de acción estratégico**. Una vez se han identificado todos los factores internos y externos vinculados al marco en el que evoluciona una organización, se puede abordar la fase de la toma de decisiones. Algunas veces esto se hará en forma de una

planificación estratégica a largo plazo. En otros casos, el análisis DAFO permitirá simplemente acelerar la toma de decisiones teniendo en cuenta el contexto en el que evoluciona la organización.

RECOMENDACIONES

- Es esencial fundamentar su razonamiento con cifras, datos y hechos. Un diagnóstico demasiado rápido y descuidado es la mejor forma de tomar malas decisiones.
- Si es posible, hay que intentar darle un peso a cada fortaleza, debilidad, oportunidad y amenaza. Esto permite evitar que algunos factores insignificantes influyan inútilmente en la toma de decisiones.
- El análisis DAFO solamente es válido si se explota. Por lo tanto es primordial asegurarse de que las decisiones tomadas se implementan correctamente.
- Cuando se toman decisiones motivadas por los resultados de un análisis DAFO, hay que concentrar los esfuerzos y las decisiones en aquello que la organización puede implementar o controlar.

ESTUDIO DE CASO — ESTRUCTURA TURÍSTICA SITUADA EN EL SUR DE FRANCIA

En esta sección desarrollaremos un análisis DAFO ficticio. La organización estudiada es una pequeña estructura turística gestionada por una pareja que posee tres habitaciones de huéspedes en el sur de Francia, en la frontera entre los Alpes y la Provenza. Con el sello de un organismo turístico, atraen a una clientela mayoritariamente extranjera, principalmente en verano. Uno de los mayores problemas a los que se enfrenta esta estructura turística es la irregularidad de la demanda en función de la estación: aunque la tasa de ocupación en julio y agosto está cerca del 100 %, no llega al 30 % durante el resto del año. Este problema de ocupación está directamente relacionado con el entorno externo de la empresa, ya que es evidente que la pareja que gestiona las habitaciones de huéspedes no tiene ningún control sobre las fechas en las que sus clientes se van de vacaciones. No obstante, hay otros factores que pueden ajustarse y controlarse internamente que influyen igualmente en la elección de los turistas.

Observemos cómo un análisis DAFO puede permitir identificar pistas para la mejora de la estructura turística estudiada.

Análisis del entorno externo de la empresa — Amenazas y oportunidades

- **La evolución del reglamento** ha tenido un impacto considerable en la situación de esta pequeña estructura turística en los últimos años. Representa una verdadera presión para ella, ya que a veces tiene que gastar elevadas sumas de dinero para cumplirlo. Por ejemplo podemos pensar en las nuevas normas de seguridad, que a veces se aplican de la misma manera que en los grandes hoteles, sin tener en cuenta que estos se benefician de importantes economías de escala (el coste medio por habitación disminuye a medida que el número de habitaciones aumenta) y poseen en general edificios más modernos.
- **La evolución de la política fiscal** en un país extranjero a veces puede tener un impacto crucial en las operaciones de una empresa, y esto puede ocurrir de manera muy indirecta. En el caso de la estructura turística estudiada,

que acoge a numerosos clientes belgas que pertenecen a categorías socio-profesionales acomodadas, puede que la modificación de la fiscalidad belga en los coches de empresa haya provocado una bajada de la tasa de ocupación. Efectivamente, parece que la reforma fiscal en cuestión ha hecho que para las empresas belgas sea menos interesante recurrir a los coches de empresa que ofrecen a los empleados y que suelen contar con combustible gratuito. El uso del coche para llegar al sur de Francia es particularmente interesante para los belgas, sobre todo para los que tienen niños pequeños. También, en la medida en que este sistema se utiliza menos, los clientes tienden a modificar sus costumbres y a tener en cuenta a la vez otros sistemas de transporte y otras destinaciones más lejanas y menos apartadas. Este último punto coincide con la problemática de los productos y de los servicios de sustitución desarrollada en el modelo de las cinco fuerzas de Porter (por ejemplo, los viajes en avión cuyo precio relativo representa una competencia importante).

- **La evolución tecnológica** constituye a su vez una oportunidad y una amenaza para la joven pareja. La aparición de páginas web que permiten reservar una habitación directamente —sin pasar por los propietarios— modifica radicalmente la gestión de las habitaciones de huéspedes. Esta revolución tecnológica constituye una oportunidad en la medida en que estas páginas aseguran una mayor visibilidad y pueden hacer entrar en contacto más fácilmente a los propietarios y a los turistas. Por desgracia, es más difícil controlar la reputación digital cuando se utilizan estos servicios. La tendencia de los turistas, cada vez más sistemática, a recurrir a páginas web para reservar tiene como efecto la casi desaparición de las guías en formato papel, en las que la infraestructura turística contaba con muy buenas referencias.

- **El papel de los poderes públicos en la promoción turística de la región.** Los poderes públicos tienen una influencia considerable en el atractivo de una región. En el caso del establecimiento turístico estudiado, el apoyo y la promoción de lugares y/o actividades en los alrededores (como lugares naturales remarcables, eventos deportivos puntuales, etc.) de la región, por ejemplo, pueden permitir atraer a nuevos clientes.

- **La accesibilidad por vía aérea, ferroviaria o terrestre**. En vista de la dificultad para acceder al establecimiento turístico, se recomienda a los gerentes que sigan la evolución de algunos proyectos relacionados con inversiones potenciales en las infraestructuras de transporte (por ejemplo, autopista, línea ferroviaria, terminal aeroportuaria, etc.).

- **El entorno económico** adverso relacionado con la crisis ha tenido evidentemente un impacto directo y negativo en la tendencia de los turistas a irse de vacaciones: el presupuesto previsto para los gastos parece más bajo que antes de 2008. Por el contrario, el retorno al crecimiento sostenido que se espera para los próximos años podría tener un impacto positivo en la situación de la estructura turística analizada.

Análisis del entorno interno de la organización — Fortalezas y debilidades

- **La satisfacción de los turistas.** El nivel de satisfacción de los turistas es bueno, incluso muy bueno. Esto es signo de una buena organización previa y es importante, ya que permite atraer a nuevos clientes gracias al boca a boca y a la fama digital que resulta de ello (buen *branding* en línea). Además, se puede fidelizar a muchos turistas que vuelven de año en año. Algunos se han convertido en verdaderos embajadores de la estructura turística en cuestión y animan a su entorno a pasar las vacaciones allí.

• **La ubicación de la estructura turística** es a la vez atractiva y desalentadora. El aislamiento geográfico del lugar atrae a algunos turistas que buscan descanso y calma, lo que hace de él una fortaleza. Sin embargo, esta característica del lugar puede constituir una debilidad, ya que las habitaciones de huéspedes son difícilmente accesibles en transporte público y están alejadas de los servicios complementarios (supermercados, restaurantes, etc.). Además, la región no es muy conocida por los turistas.

• **La proximidad de las actividades y de los servicios turísticos.** La presencia de actividades deportivas diversificadas y que se practican en distintas estaciones (senderismo y BTT en verano; esquí alpino en invierno) cerca del lugar de estancia constituye una fortaleza real para la organización. Además, organizar mesas de huéspedes permite que los turistas se relacionen. Muchos de ellos aprecian este tipo de contacto social, aunque otros prefieren preservar su intimidad.

- **El tipo de clientes.** Actualmente, la organización atrae sobre todo a particulares. Así pues, podría ser interesante diversificar el público: contactar con algunas empresas que quieran organizar seminarios y/o sesiones de *team building* puede ser una solución. Otra posibilidad sería colaborar con proveedores de servicios turísticos complementarios, como la organización de excursiones para hacer senderismo.
- **La calidad de la conexión a Internet.** La conexión a Internet, lenta a causa del aislamiento geográfico del lugar, representa una debilidad importante en la era digital actual.

El análisis DAFO del ejemplo de las habitaciones de huéspedes

El análisis DAFO ha permitido identificar un cierto número de fortalezas, debilidades, oportunidades y amenazas de la organización. Observemos ahora cómo la combinación de estos elementos permite tomar decisiones estratégicas eficaces. Ahora es posible:

- **aprovechar algunas oportunidades.** La evolución del contexto tecnológico se tiene que tener en cuenta en relación con la visibilidad que ofrece Internet. La organización ganaría haciendo aparecer sus habitaciones de huéspedes en plataformas en las que se encuentran sus clientes potenciales (personas en búsqueda de lugares de vacaciones apartados). Puesto que los consumidores tienen un presupuesto para las vacaciones más ajustado que antes, puede ser interesante para la empresa adaptar su política tarifaria, en especial aprovechando las posibilidades que ofrecen las nuevas tecnologías (ofertas *last minute*, por ejemplo);
- **prever algunas amenazas.** Incluso si la evolución del marco normativo se puede considerar una amenaza a corto plazo, es también un freno al desarrollo de nuevas estructuras. A largo plazo, estas forman una excelente barrera de entrada y permiten a los actores que

se adaptan al nuevo marco normativo aprovechar una cierta estabilidad a nivel competitivo;

- **consolidar algunas fuerzas.** El boca a boca podría ser más rentable si la organización se comunicara mejor con sus clientes habituales para atraerlos en otras estaciones. Su fidelización se puede activar principalmente mediante las redes sociales;
- **resolver algunas debilidades.** Para diversificar a su clientela, la empresa puede proponer algunas estancias a clientes potenciales no particulares (organización de un seminario profesional en un ambiente sereno, o de una estancia temática, ya sea gastronómica, deportiva o de otro tipo).

Se podrían tomar otras decisiones y considerar otras opciones, pero todo dependerá finalmente de las prioridades que elegirán los responsables de la organización.

EN RESUMEN

- El análisis DAFO consiste en un estudio de los factores que influyen positiva o negativamente en el funcionamiento interno y en el contexto externo de una estructura, ya se trate de una empresa, de una asociación o de una administración pública.
- Las fortalezas y las debilidades son parámetros específicos para las organizaciones, que ejercen un control real sobre los mismos. La competitividad-coste tiene evidentemente un papel decisivo en el éxito de una empresa. Sin embargo, no habría que olvidar el papel que desempeña la competitividad excluyendo los costes, y también especialmente el de la capacidad de innovar.
- En cambio, las oportunidades y las amenazas están relacionadas con el entorno externo de las organizaciones, y estas no las pueden controlar. A menudo pensamos en el contexto económico (crecimiento o recesión), pero no hay que olvidar otros aspectos, generalmente más específicos en una industria (evolución de

las necesidades, del entorno competitivo y del reglamento).

- El estudio de las fortalezas, de las debilidades, de las oportunidades y de las amenazas tiene que desembocar en la toma de decisiones o la adopción de un plan de acción estratégico.
- Hay que seguir algunos consejos cuando se hace un análisis DAFO: en este punto nos referimos, entre otras cosas, a la necesidad de basarse en hechos más que en intuiciones. En este sentido es crucial sostener el análisis con figuras tangibles (como datos financieros).
- El análisis DAFO es un método actualmente muy popular, sobre todo en los departamentos de márketing de las grandes empresas.
- Su simplicidad alberga, sin embargo, un arma de doble filo. Algunos autores han demostrado que en algunos casos el uso del análisis DAFO puede tener un impacto negativo en el rendimiento de una organización, ya que le falta rigor y no siempre está acompañado de un plan de acción estratégico, como se recomienda (según Terry Hill y Roy Westbrook).
- Se han desarrollado otros modelos para facilitar la aplicación de una planificación estratégica:

- el modelo de las cinco fuerzas, difundido por Michael E. Porter a finales de los años setenta, se centra principalmente en las presiones que influyen negativamente en la rentabilidad de una empresa;
- los modelos de los economistas franceses Antoine Auguste Cournot y Joseph Bertrand, que son alternativas al análisis DAFO elaboradas en el siglo XIX, permiten analizar detalladamente la competencia en función del contexto.

¡Tu opinión nos interesa!
¡Deja un comentario en la página web de tu librería en línea,
y comparte tus favoritos en las redes sociales!

PARA IR MÁS ALLÁ

FUENTES BIBLIOGRÁFICAS

- BCV, "Préparer une analyse SWOT". Consultado el 6 de junio de 2014. http://www.bcv.ch/fr/entreprises/outils_et_conseils/creer_votre_entreprise/d_une_idee_a_un_plan/votre_produit_ou_service_a_t_il_un_potentiel_de_vente_sur_le_marche/preparer_une_analyse_swot

- Bouvier-Patron, Paul. 2011. *Entreprise et innovation. Vers l'inter-organisation innovante responsable?* París: L'Harmattan.

- European Commission; "L'analyse SWOT". Consultado el 6 de junio de 2014. http://ec.europa.eu/europeaid/evaluation/methodology/examples/too_swo_res_fr.pdf

- Hill, Terry y Roy Westbrook. 1997. "SWOT Analysis: It's Time for a Product Recall". *Long Range Planning*, vol. 30, n.° 1, 46-52.

- I like PM, "L'art de (bien) utiliser une matrice SWOT pour convaincre". Consultado el 6 de junio de 2014. http://www.ilikepm.com/2010/08/02/lart-de-bien-utiliser-une-matrice-swot-pour-convaincre/

- Kessler, H. Eric. 2013. "Encyclopedia of Management Theory. SWOT Analysis Framework".

Sage Knowledge. Consultado el 2 de marzo de 2018. http://www.sagepub.com/gray3e/study/chapter3/Encyclopaedia%20entries/SWOT_Analysis_Framework.pdf

- Lambin, Jean-Jacques y Chantal de Moerloose. 2008. *Marketing stratégique et opérationnel. Du marketing à l'orientation-marché*, 7.ª ed. París: Dunod.

- Learned, Edmund Philip, Roland Christensen, Kenneth Andrews y William Guth. 1965. *Business Policy – Text and Cases*, 1.ª ed. Homewood: Irwin.

- Mayrhofer, Urike. 2007. *Management stratégique*, 1.ª ed. París: Bréal.

- Porter, Michael E. 2008. "The Five Competitive Forces That Shape Strategy". *Harvard Business Review*, 23-41.

- Rousseau, Benoist. "Analyses SWOT". *ANDLIL*. Consultado el 3 de marzo de 2018. http://www.andlil.com/analyses-swot/

- Université du Québec à Montréal, "Fiche technique. L'analyse SWOT". Consultado el 6 de junio de 2014. http://www.er.uqam.ca/nobel/r20014/Referentiel/21_Reflexion_Strategique/SWOT.pdf

- Van Laethem, Nathalie. 2010. "L'analyse SWOT: 10 conseils pour la réussir". *Le blog de la stratégie marketing*. Consultado el 3 de marzo de 2018. http://www.marketing-strategie.fr/2010/05/15/10-conseils-pour-reussir-lanalyse-s-w-o-t/

- Varian, Hal. 2011. *Introduction à la microéconomie*, 7.ª ed. Bruselas: De Boeck.